Tanja Rösner

Tanjas Schlonz der Woche

TANJA RÖSNER

TANJAS SCHLONZ DER WOCHE

25 SCHNELLE FRÜHSTÜCKSIDEEN

hr3 societäts\verlag

Bildnachweis:

Alle Bilder von Sinah Osner.

Mit Ausnahme von
S. 58 Buntovskikh Olga/Shutterstock
S. 59 New Afrika/Shutterstock

Layout & Satz: Julia Desch, Societäts-Verlag
Umschlaggestaltung: Julia Desch, Societäts-Verlag
Umschlagabbildung: Sinah Osner
Druck und Verarbeitung: Print Best
Printed in EU 2024

ISBN 978-3-95542-507-4

Besuchen Sie uns im Internet:
www.societaets-verlag.de

ClimateCalc™
Der CO2-Ausstoß dieses Druckproduktes wurde mit ClimateCalc berechnet und kompensiert:
[GoClimate]

www.climatecalc.eu
CC-000113/EE

FSC
www.fsc.org
MIX
Papier | Fördert gute Waldnutzung
FSC® C129413

INHALT

6 Vorwort

READY TO GO-SCHLONZ

8 Süße Frühstückspizza
10 Apfel-Haferflocken-Smoothie
12 Power-Schlonz
14 Baked Oats
16 Low Carb Erdbeer-Schlonz
18 Fatburner-Schlonz
20 Pflaumen-Zwieback-Schlonz
22 Joghurt-Protein-Bowl
24 Schoko-Kokos-Shake
26 Haferflocken-Bananen-Pfannkuchen
28 Hüttenfrühstück
30 Chia-Chocolate-Pudding
32 Gefüllte Melone

OVERNIGHT-SCHLONZ

34 Mokka Overnight Oats
36 Karotten Overnight Oats
38 Golden Overnight Oats
40 Banana Cream Iced Coffee
42 Chai Spiced Chia-Pudding
44 Raspberry Cheesecake Overnight Oats
46 Skyr-Porridge mit Chiasamen und Datteln
48 Zoats
50 Pumpkin Porridge
52 Bratapfel Overnight Oats
54 Nackthafer-Müsli
56 Mango-Chia-Pudding

58 Die zehn wichtigsten Zutaten
60 Die Autorin
62 Dankeschön

VORWORT

»Ich kenne niemanden außer Tanja, der mit dieser nicht enden wollenden Energie jede Woche aufs Neue mit so viel Liebe und Kreativität Dinge auf den Frühstückstisch zaubert. Und meistens schmeckt es sogar.« *(Tobi Kämmerer, hr3 Morningshow)*

UND DA IST SIE ALSO: DIE GEBALLTE LIEBE UND FRÜHSTÜCKS-KREATIVITÄT, VERTEILT AUF 25 REZEPTE.

Dafür, dass es »meistens schmeckt«, ist das Gezeter morgens in der Morningshow übrigens immer recht groß, wenn es den »Schlonz der Woche« gibt. Und genau so ist auch die Idee entstanden.

Zu einem guten Morgen gehört Frühstück, da gibt's für mich keine Diskussion. Das ist aber nicht immer so leicht, wenn der Wecker jeden Morgen zwischen 3 und 4 Uhr klingelt. Also gab es irgendwann im hr3 Studio Haferflocken und Joghurt in allen Variation, und weil die Zeit morgens sehr oft knapp ist, war ich zum Beispiel auch auf der Suche nach Müslivarianten, die man abends vorbereiten und am nächsten Morgen noch mit frischen Zutaten pimpen kann.

Dass daraus mal ein fester Bestandteil unserer Radiosendung und jetzt sogar ein Buch werden würde – damit habe ich tatsächlich nicht gerechnet. In erster Linie ist das wohl Tobis Namensgebung zu verdanken: »Das schmeckt irgendwie... schlonzig«. Und als irgendwann die ersten Hörerinnen und Hörer nachgefragt haben, ob es morgen denn wieder einen neuen »Schlonz« gibt, war klar: Das Baby ist geboren.

Viel Spaß also beim Nachschlonzen!

Tanja

SÜßE FRÜHSTÜCKSPIZZA

DAS FRÜHSTÜCKS-HIGHLIGHT FÜR DIE GANZE FAMILIE

Pizza zum Frühstück? Unbedingt! Sie lässt sich ganz wunderbar am Vorabend vorbereiten und macht schon nach wenigen Bissen satt. Und das Beste: Es schmeckt nicht nur Kindern, sondern ist auch noch Tobis Lieblingsrezept!

ZUTATEN FÜR EINE PIZZA

2 reife Bananen · 160 g Haferflocken · 1 EL Ahornsirup
4 EL Natur- oder Sojajoghurt · ½ TL gemahlene Vanille · 1 Prise Zimt
verschiedene Früchte zum Belegen, z.B. Erdbeeren, Himbeeren oder Heidelbeeren

UND SO GEHT'S

Für den Teig die Bananen mit einer Gabel zerdrücken und mit den Haferflocken und dem Ahornsirup mischen. Die Masse auf ein mit Backpapier ausgelegtes Blech geben und für 15 – 20 Minuten bei 180 Grad (Umluft) backen. Für den Belag mischt ihr Joghurt mit der gemahlenen Vanille und dem Zimt. Den Boden nun aus dem Ofen nehmen und abkühlen lassen. Mit dem Joghurt bestreichen und mit Früchten garnieren.

APFEL-HAFERFLOCKEN-SMOOTHIE

BLITZSCHNELLE HILFE BEI HEIẞHUNGER

In einigen Lebensmitteln steckt so viel Gutes, dass sie auch allgemeinhin Superfoods genannt werden. Dieser Apfel-Haferflocken-Smoothie hat nur wenige Zutaten – aber die haben es in sich! Heißhungerattacken, müde Muskeln, Stress? Dieser Super-Schlonz hilft, schmeckt cremig-süß und geht superschnell.

Viele Ballaststoffe gegen Heißhungerattacken sowie Eiweiß für den Muskelaufbau bekommt ihr mit Haferflocken und Quinoa. Die Datteln schmecken nicht nur süß, sondern enthalten ebenfalls viele Ballaststoffe und die Aminosäure Tryptophan. Diese hat eine beruhigende Wirkung auf die Nerven und hilft bei regelmäßigem Verzehr sogar bei Schlaflosigkeit.

ZUTATEN FÜR EINE PERSON

1 Apfel · 60 g Haferflocken · 1 EL Ahornsirup · ½ EL Chiasamen
2 Datteln · 75 ml Haferdrink

UND SO GEHT'S

Den Apfel klein schneiden und anschließend mit allen anderen Zutaten in den Mixer geben – fertig.

POWER-SCHLONZ

DAS PERFEKTE FRÜHSTÜCK FÜR DIE ABWEHRKRÄFTE

Das Kraftfrühstück mit Ingwer, Chia und Kardamom stärkt eure Abwehrkräfte und wärmt von innen – und ganz nebenbei ist das Power-Porridge außerdem eine wohlig-exotische Alternative zum klassischen Porridge.

ZUTATEN FÜR EINE PERSON

1 Stück Ingwer, nach Belieben · ½ Banane · 1 EL Haferflocken · 2 EL Dinkelflocken
2 TL Leinsamen, geschrotet · 1 TL Chiasamen · 150 ml Hafer- oder Mandeldrink
Zitronensaft · 1 TL Honig · jeweils 1 Prise Zimt und Kardamom

UND SO GEHT'S

Schält den Ingwer und die halbe Banane und schneidet beides in Würfel. Anschließend die Flocken und Samen mit dem Hafer- oder Mandeldrink aufkochen und etwas köcheln lassen. Den Zitronensaft und Ingwer hinzugeben und fünf Minuten ziehen lassen. Mit Zimt und Kardamom würzen und mit Honig süßen. Zum Schluss das Porridge mit den Bananen anrichten.

BAKED OATS

EIN WARMER SCHLONZ DIREKT AUS DEM BACKOFEN

Ein Frühstück aus dem Backofen ist mal was anderes. Haferflocken, Chiasamen und gefrorene Beeren versorgen den Körper mit Ballaststoffen, wertvollen Vitaminen und Mikronährstoffen. Die sind nicht nur gut für den Darm, sondern sorgen auch dafür, dass der gemeine Heißhunger wegbleibt. Ein echtes Superfrühstück!

ZUTATEN FÜR ZWEI PERSONEN

1 EL Kokosfett · 1 Banane · 60 g Haferflocken · 150 ml Milch oder Haferdrink
3 TL Chiasamen · 150 g gemischte gefrorene Beeren
etwas Kokosjoghurt, griechischer Joghurt oder Sojajoghurt

UND SO GEHT'S

Eine kleine Auflaufform mit etwas Kokosfett einfetten und die Banane darin zerdrücken. Haferflocken, Milch (Haferdrink) und Chiasamen in einer kleinen Schüssel vermischen und darüber geben. Als Letztes die gefrorenen Beeren dazugeben. Anschließend die Masse für ca. 20 Minuten bei 180 Grad (Umluft) im Ofen backen. Zum Schluss das Ganze noch mit einem Klecks Joghurt toppen.

LOW CARB ERDBEER-SCHLONZ

SCHNELLES FRÜHSTÜCK MIT HÜTTENKÄSE

Frisch, fruchtig, süß und mit ganz wenig Kalorien: Dieser Erdbeer-Hüttenkäse ist das perfekte Sommerfrühstück. Auf 100 Gramm Hüttenkäse kommen gerade mal 90 bis 100 Kalorien und eine Menge Eiweiß. Das macht satt und ist gut für den Muskelaufbau. Fürs Wohlbefinden wird mit Ahornsirup gesüßt. Der lässt den Blutzuckerspiegel langsamer steigen als Haushaltszucker und enthält auch weniger Kalorien.

ZUTATEN FÜR EINE PERSON

4 EL Hüttenkäse · 1 TL Ahornsirup · 1 Handvoll Erdbeeren
1 EL Sesamsamen · 1 EL Kokosraspeln · Mandeln, zum Toppen nach Wunsch

UND SO GEHT'S

Den Hüttenkäse mit Ahornsirup mischen, Erdbeeren vierteln und zusammen mit Sesamsamen, Kokosraspeln und Mandeln auf den Hüttenkäse geben.

FATBURNER-SCHLONZ

FRUCHTIGER SHAKE GEGEN HEIẞHUNGER

Ingwer ist nicht nur bei Erkältung gut, sondern regt auch den Stoffwechsel an. Für den richtigen Schub sorgt der Zimt, denn das Gewürz regt die Fettverbrennung an. Blaubeeren, Buttermilch und Äpfel halten zudem den Blutzuckerspiegel im Gleichgewicht und bewahren vor Heißhungerattacken.

Aber ganz wichtig: Diesen Schlonz solltet ihr nicht über Nacht im Kühlschrank lassen, sondern frisch zubereiten, da die Bitterstoffe der Grapefruit den Geschmack sonst etwas verderben können.

ZUTATEN FÜR ZWEI PERSONEN

1 Orange · 1 Grapefruit · 1 Handvoll TK-Blaubeeren
1 Apfel · 1 Stück Ingwer · 1 TL Zimt · 500 ml Buttermilch

UND SO GEHT'S

Die Orange, Grapefruit und den Ingwer schälen und zusammen mit den Blaubeeren und dem Apfel in einen Mixer geben. Die Masse mit Buttermilch auffüllen, Zimt hinzugeben und zu einem Shake mixen.

PFLAUMEN-ZWIEBACK-SCHLONZ

LECKERER FRÜHSTÜCKS-AUFLAUF

Dieser Auflauf ist wirklich mal was anderes und eignet sich super, um im Spätsommer regionale Pflaumen zu verarbeiten, die auch schon vom Baum gefallen sein können. Ein bisschen Süße kommt durch das Xylit in den Auflauf, dafür ist dieser Schlonz aber sehr fettarm. Außerdem enthalten Pflaumen viel Kalium. Das Mineral entwässert und befördert dabei allerlei Giftstoffe aus dem Körper.

ZUTATEN FÜR ZWEI PERSONEN

100 ml Milch, fettarm · 6 Scheiben Zwieback · 100 g Magerquark
1 EL Zitronensaft · 30 g Xylit · 1 Prise Zimt · 2 Eiweiß · 250 g Pflaumen

UND SO GEHT'S

Erhitzt zunächst die Milch, zerbröselt grob den Zwieback und verteilt die heiße Milch darüber. Das Ganze lasst ihr dann ein paar Minuten ziehen. Den Quark, Zitronensaft, Zimt und das Xylit mit dem Zwieback vermischen. Das Eiweiß steif schlagen und unterheben. Die Pflaumen schneidet ihr in Stücke und legt sie in eine Auflaufform. Darauf verteilt ihr die Zwiebackmasse. Für 25 – 30 Minuten bei 160 Grad (Umluft) im Ofen backen und dann den Auflauf entweder direkt warm oder am nächsten Morgen kalt genießen.

JOGHURT-PROTEIN-BOWL

PROTEINREICHER SATTMACHER-SCHLONZ

In diesem Schlonz dreht sich alles um Proteine. Nicht nur die Hauptzutat Joghurt enthält viele davon. Für noch mehr Eiweiß sorgen Sesam und Erdnussbutter. Proteine verarbeitet unser Körper nur langsam, deshalb sättigen sie für lange Zeit. Außerdem lassen sie unseren Blutzuckerspiegel nicht ansteigen, daher gibt's auch keine Heißhungeranfälle. Und: Sie unterstützen den Muskelaufbau und den Hormonhaushalt. Besser geht's nicht, oder?

ZUTATEN FÜR ZWEI PERSONEN

2 EL Erdnussbutter · 400 ml Naturjoghurt
200 g Brombeeren · 1 EL Sesamkörner

UND SO GEHT'S

Rührt die Erdnussbutter in den Joghurt ein. Anschließend das Ganze nur noch mit Brombeeren und Sesam toppen. Zack, fertig.

SCHOKO-KOKOS-SHAKE

ERFRISCHENDER SCHOKO-BOOST

Dieser Shake ist einer der beliebtesten Schlonze aller Zeiten und hat sogar Tobi so gut geschmeckt, dass er ein zweites Glas verlangt hat. Das Geheimnis sind die Datteln, denn die sind nicht nur süß, sondern enthalten auch viele gesunde Nähr- und Mineralstoffe. Durch ihren hohen Gehalt an leicht verdaulichen Kohlenhydraten sorgen sie für einen energiereichen Start in den Tag! Zusammen mit dem Kakao die perfekte Waffe gegen Süßigkeitenhunger.

ZUTATEN FÜR ZWEI PERSONEN

4 Datteln · 3 EL Backkakao · 600 ml Kokoswasser

UND SO GEHT'S

Schneidet die Datteln klein und jagt sie zusammen mit dem Kakao und dem Kokoswasser durch den Mixer. Schon habt ihr einen leckeren Shake!

HAFERFLOCKEN-BANANEN-PFANNKUCHEN

GESUNDE PFANNKUCHEN-ALTERNATIVE

Leckere Pfannkuchen zum Frühstück und das ganz ohne industriellen Zucker? Das geht mit dieser Haferflocken-Alternative. Diese kommt sogar noch ohne Weizenmehl aus und versorgt euch dank der Bananen mit Energie für den Tag. »Der beste Schlonz aller Zeiten«, sagt Tobi.

ZUTATEN FÜR ZWEI PERSONEN

2 Bananen · 250 g Haferflocken, zart · 120 ml Haferdrink
2 Eier · etwas Naturjoghurt · Heidelbeeren, zum Toppen nach Wunsch

UND SO GEHT'S

Zerdrückt eine der Bananen mit einer Gabel zu einem stückigen Mus. Das Bananenmus verrührt ihr zusammen mit den Haferflocken, dem Haferdrink und den Eiern in einer Schüssel. Die andere Banane schneidet ihr in dünne Scheiben und bratet sie in einer Pfanne an. Wenn die Scheiben goldbraun gebraten sind, gießt ihr den Teig dazu und backt die Pfannkuchen in einer Pfanne, bis sie sich gut wenden lassen. Zum Schluss toppt ihr die Pfannkuchen mit Naturjoghurt und nach Belieben mit Heidelbeeren.

HÜTTENFRÜHSTÜCK

KALORIENARMES FRÜHSTÜCK FÜR SPORTFANS

Hüttenkäse ist mit 100 Kilokalorien pro 100 Gramm das absolute Leichtgewicht auf dem Frühstücksbuffet. Dafür enthält er aber umso mehr Eiweiß und Magnesium und ist damit das perfekte Frühstück für alle, die gerne mit Sport in den Tag starten. Das Eiweiß fördert den Muskelaufbau, während Magnesium Muskelkrämpfen vorbeugt – und lecker ist dieses Hüttenfrühstück allemal.

ZUTATEN FÜR ZWEI PERSONEN

100 g Sojajoghurt · 1 TL Xylit · 1 Stängel Minze
50 g Heidelbeeren · 200 g Hüttenkäse · 1 Limette, frisch gepresst

UND SO GEHT'S

Den Sojajoghurt, das Xylit, die Minze und Dreiviertel der Heidelbeeren miteinander verrühren. Den Hüttenkäse und Limettensaft dazu mischen und mit den restlichen Heidelbeeren toppen.

CHIA-CHOCOLATE-PUDDING

EXOTISCH-SCHOKOLADIGER FRÜHSTÜCKSPUDDING

Chiasamen sind das wohl bekannteste Superfood, denn sie sind reich an Ballaststoffen und Proteinen. Inzwischen gibt es Smoothies, Brot, Pfannkuchen und allerlei andere Rezepte mit den Samen der mexikanischen Pflanze. Problem: In gequollener Form erinnern sie Tobi an Froschlaich. Wenn ihr auch auf die glibberige Konsistenz verzichten könnt, ist dieser Chia Pudding perfekt für euch, denn die Samen werden hierfür zu Mehl verarbeitet.

ZUTATEN FÜR EINE PERSON

2 EL Chiasamen · 1 Banane · 6 Datteln
200 ml Kokosmilch · 2 EL Backkakao

SO GEHT'S

Gebt die Chiasamen in einen Mixer und mixt so lange, bis eine mehlige Konsistenz entstanden ist. Das Chiamehl füllt ihr in eine Schüssel, anschließend schneidet ihr die Banane und die Datteln in kleine Stücke. Das Obst verarbeitet ihr zusammen mit der Kokosmilch im Mixer zu einer cremigen Substanz. Dann gebt ihr das Kakaopulver und das Chiamehl hinzu, das Ganze noch einmal gut durchmischen und dann für mindestens eine Stunde in den Kühlschrank stellen.

GEFÜLLTE MELONE

DER PERFEKTE SOMMER-SCHLONZ

Dieser Schlonz ist nicht nur lecker und gesund, sondern macht auch noch kaum dreckiges Geschirr. Dieses sommerliche Frühstück für die ganze Familie wird einfach direkt in der Melonenhälfte angerichtet. Besser geht's ja kaum!

ZUTATEN FÜR ZWEI PERSONEN

1 Honigmelone · 4 EL Studentenfutter/Nussmix · 200 g Hüttenkäse
2 EL Orangensaft · 2 EL Ahornsirup · 1 Handvoll Blaubeeren

UND SO GEHT'S

Halbiert und entkernt die Melone, höhlt das Innere mit einem Löffel etwas aus und schneidet es in Würfel. Den Nussmix grob hacken. Anschließend den Hüttenkäse mit Orangensaft, Ahornsirup und den gehackten Nüssen verrühren. Die Melonenhälften damit befüllen. Die Blaubeeren und Melonenwürfel darauf anrichten und mit etwas Ahornsirup beträufeln.

MOKKA OVERNIGHT OATS

DER ABSOLUTE WACHMACHER-SCHLONZ

Wenn's morgens schnell gehen muss und ihr am liebsten Frühstück und Kaffee in einem hättet, sind diese Mokka Overnight Oats das perfekte Rezept. Den Kaffee gibt's daher ausnahmsweise mal nicht heiß aus der Tasse, sondern erfrischend zum Löffeln aus dem Kühlschrank.

Das Koffein kurbelt euren Stoffwechsel an und sorgt dafür, dass ihr Kalorien verbrennt – ein echter Fatburner also für den Start in den Tag. Die Milchsäurebakterien aus dem fettarmen Joghurt sind gut für den Darm – Haferflocken und Leinsamen liefern wertvolle Ballaststoffe und bringen die Verdauung in Schwung.

ZUTATEN FÜR EINE PERSON

60 g Haferflocken, zart · 2 EL Leinsamen · 120 ml Milch oder Haferdrink
60 ml Espresso · 1 EL Ahornsirup
1 EL Backkakao (+ 1 Prise zum Toppen) · 3 EL Joghurt, fettarm oder Soja

UND SO GEHT'S

Mischt die Haferflocken mit den Leinsamen und gebt die Milch (Haferdrink) dazu. Rührt den Espresso, den Ahornsirup und das Kakaopulver mit ein. Anschließend das Gemisch über Nacht in den Kühlschrank stellen – so werden die Haferflocken schön weich und der Espresso hat Zeit, durchzuziehen. Am nächsten Tag das Ganze noch mit Joghurt und etwas Kakaopulver toppen.

KAROTTEN OVERNIGHT OATS

SAFTIG LECKERER MÖHREN-SCHLONZ

Die besondere Zutat bei diesem Schlonz sind Karotten. Denn die enthalten viel Beta-Carotin, das vom Körper in Vitamin A umgewandelt werden kann – und das ist bekanntlich gut für die Augen. Doch das ist noch nicht alles: Möhren enthalten zudem eine sehr günstige Mischung aus löslichen und unlöslichen Ballaststoffen. Wenn ihr euren Stoffwechsel auf schonende Weise anregen wollt, ist das Wurzelgemüse also eine gute Wahl.

ZUTATEN FÜR ZWEI PERSONEN

2 Karotten · 100 g Haferflocken · 5 EL Kokosraspeln · 1 EL Leinsamen
350 ml Haferdrink · 120 ml Wasser · 1 TL Zimt · 1 TL Vanilleextrakt
1 EL Ahornsirup oder Agavendicksaft · 4 EL Natur- oder Sojajoghurt

UND SO GEHT'S

Die Karotten zuerst schälen und raspeln. Anschließend alle Zutaten bis auf den Joghurt vermischen und über Nacht aufgeteilt auf zwei Gläser in den Kühlschrank stellen. Am nächsten Tag toppt ihr die Overnight Oats noch mit dem Joghurt.

GOLDEN OVERNIGHT OATS

GOLDENE MILCH ALS PORRIDGE

Kurkuma ist ein echter Allrounder: Er sorgt nicht nur für die goldene Farbe, sondern der Knolle aus der Familie der Ingwer-Gewächse wird sogar eine gesundheitsfördernde und heilende Wirkung nachgesagt. Der enthaltene Wirkstoff Kurkumin wirkt zum Beispiel entzündungshemmend und antioxidativ. Damit ist dieser Schlonz mit seinem würzigen und leicht bitteren Geschmack lecker und förderlich für die Gesundheit zugleich!

ZUTATEN FÜR ZWEI PERSONEN

120 g Haferflocken, zart · 1 TL Kurkuma (Pulver) · 1 Msp. Zimt
240 ml Milch, fettarm oder Pflanzendrink
2 EL Leinsamen, geschrotet (gibt's auch als goldene Variante)
150 g Natur- oder Sojajoghurt · 1 TL Honig · 100 g TK Heidelbeeren
20 g Mandelstifte

UND SO GEHT'S

Die Haferflocken in zwei große Gläser aufteilen. Das Kurkumapulver und den Zimt in die Milch (Pflanzendrink) rühren. Leinsamen hinzufügen und die Gläser damit auffüllen. Joghurt mit Honig verrühren und auf die Haferflocken geben. Heidelbeeren auf dem Joghurt verteilen. Mandelstifte darüber streuen. Im verschlossenen Glas über Nacht in den Kühlschrank stellen. Am nächsten Morgen könnt ihr euch den goldenen Schlonz direkt schmecken lassen!

BANANA CREAM ICED COFFEE

KAFFEE-SCHLONZ, DER WACH UND SATT MACHT

Dieser Schlonz ist kinderleicht zuzubereiten und genau das Richtige für wärmere Tage. Sogar Tobi hat er überzeugt – vor allem, weil hier keine gequollenen Samen im Spiel sind... Durch die leicht verdaulichen Zutaten produziert euer Körper weniger Eigenwärme. Die Banane liefert wenig Fette und Eiweiße, dafür aber eine Menge Kohlenhydrate. Und das Beste: Dadurch, dass ihr den Kaffee abends schon kocht, geht es morgens richtig schnell und ihr habt Kaffee und Frühstück in einem.

ZUTATEN FÜR EINE PERSON

Kaffee eurer Wahl · 1 Banane · 120 ml Milch oder Pflanzendrink · Eiswürfel

UND SO GEHT'S

Kocht am Abend euren gewohnten Kaffee und lasst ihn über Nacht kalt werden. Gebt am Morgen die Banane, die Milch (Pflanzendrink) und die Eiswürfel in einen Mixer und püriert alles zu einem cremigen Shake. Jetzt nur noch den Kaffee hinzugeben – fertig!

CHAI SPICED CHIA-PUDDING

GUTE LAUNE FRÜHSTÜCK FÜRS IMMUNSYSTEM

Chai Tee, ein indischer Gewürztee, enthält unter anderem Zimt und Ingwer. Zimt regt die Durchblutung an, beruhigt die Verdauung und hellt die Stimmung auf. Ingwer wirkt hingegen antibakteriell. Mischt ihr euch den Tee in den Chia-Pudding, habt ihr ein echtes Gute-Laune-Frühstück, das auch noch super ist für eure Abwehrkräfte.

ZUTATEN FÜR EINE PERSON

375 ml Mandeldrink · ½ TL Zimt · 1 Prise Ingwerpulver, nach Belieben
1 Beutel Chai Tee · 5 TL Chiasamen · 1 – 2 TL Ahornsirup
Nüsse oder Früchte, zum Toppen nach Wunsch

UND SO GEHT'S

Den Mandeldrink zusammen mit Zimt und Ingwer erhitzen. Den Topf vom Herd nehmen und den Teebeutel darin 10 Minuten ziehen lassen. Chiasamen einrühren und mit dem Ahornsirup je nach Belieben süßen. Das Ganze in ein Glas füllen und über Nacht in den Kühlschrank stellen. Am nächsten Morgen, ganz wie ihr wollt, mit Nüssen oder Obst toppen. Wer den Schlonz lieber warm mag, kann ihn natürlich auch frisch am Morgen zubereiten und direkt genießen.

RASPBERRY CHEESECAKE OVERNIGHT OATS

KÄSEKUCHEN MAL ANDERS

Manchmal darf's dann ja auch mal mit Zucker sein – in diesem Fall mit Himbeermarmelade und weißer Schokolade. Tobi als großer Käsekuchen-Fan ist jedenfalls komplett begeistert von diesem Rezept.

ZUTATEN FÜR EINE PERSON

3 EL Haferflocken · 200 g Kokosjoghurt (1 EL für das Topping übrig lassen)
1 EL Proteinpulver Vanille · 1 EL Himbeermarmelade
75 ml Mandeldrink oder Milch · 30 g weiße Schokolade

UND SO GEHT'S

Vermischt die Haferflocken, den Kokosjoghurt, das Proteinpulver, die Himbeermarmelade und den Mandeldrink (Milch), bis eine Creme entsteht. Diese in ein Glas füllen. Anschließend die Schokolade im Wasserbad schmelzen lassen, mit dem restlichen Kokosjoghurt vermischen und über die Creme geben. Das Ganze über Nacht im Kühlschrank ziehen lassen.

SKYR-PORRIDGE MIT CHIASAMEN UND DATTELN

SCHLONZ MIT ORIENTALISCHEM TOUCH

Skyr ist ein absolutes Fitnessfood, denn es enthält so gut wie kein Fett, dafür aber umso mehr Proteine – macht also lange satt. Datteln enthalten viel Zucker und sind dementsprechend kalorienhaltig. Vitamin B, Ballast- und Mineralstoffe machen sie aber zu einer gesunden Mahlzeit für zwischendurch.

ZUTATEN FÜR EINE PERSON

100 g Skyr · 100 ml Milch, fettarm oder Pflanzendrink
1 Dattel, getrocknet · 1 EL Chiasamen · 1 TL Vanillepaste · ½ Birne

UND SO GEHT'S

Den Skyr und die Milch (Pflanzendrink) gründlich verrühren, bis sich alles vermischt hat. Anschließend die Dattel klein hacken und zusammen mit den Chiasamen und der Vanillepaste in den Skyr-Milch-Mix rühren. Das Ganze in einer kleinen Schüssel über Nacht in den Kühlschrank stellen und am nächsten Morgen mit Birnenstückchen toppen.

ZOATS

LECKERE ZUCCHINI OVERNIGHT OATS

Wegen diesem Frühstück hätte Tobi fast unsere Zusammenarbeit beendet, denn Zucchini sind so gar nicht seins. Dabei funktioniert das Gemüse zum Frühstück überraschend gut. Es bietet neben vielen guten, nämlich komplexen, Kohlenhydraten auch Kalium für den Zellenaufbau, Kalzium für die Knochen und Vitamin C.

ZUTATEN FÜR ZWEI PERSONEN

150 g Zucchini · 50 g Haferflocken, zart · 1 EL Ahornsirup
200 ml Mandel- oder Kokosdrink · 1 Banane · ½ TL Zimt
1 EL Backkakao · 1 EL Kokosraspeln · Obst, zum Toppen nach Wunsch

UND SO GEHT'S

Die Zucchini schälen und raspeln und dann zusammen mit den Haferflocken, dem Ahornsirup und dem Mandel- oder Kokosdrink aufkochen. Die Zoats 5 Minuten köcheln lassen. Die geschälte Banane zerdrücken und zusammen mit Zimt und Kakao dem Brei hinzugeben. Die Zoats über Nacht aufgeteilt in zwei Gläser in den Kühlschrank stellen und am nächsten Morgen mit dem Obst eurer Wahl und Kokosraspeln toppen.

PUMPKIN PORRIDGE

EIN HERBSTLICHER KÜRBIS-SCHLONZ

Ein herbstliches Frühstück mal anders – wer hätte gedacht, dass Kürbis auch morgens gut schmecken kann? Der Kürbis passt tatsächlich nicht nur geschmacklich gut in den Herbst. In der Erkältungszeit stärkt er mit viel Vitamin C und Vitamin A eure Abwehrkräfte. Fitnessbegeisterte unterstützt das Herbstgemüse mit wenig Kalorien und vielen Ballaststoffen.

ZUTATEN FÜR ZWEI PERSONEN

¼ Hokkaido (für ca. 50 g Kürbispüree) · 125 g Haferflocken
175 ml Mandel- oder Haferdrink · 1 Msp. Vanille, gemahlen
½ Apfel · ½ Banane · 15 g Walnüsse · 1 Prise Zimt

UND SO GEHT'S

Für das Kürbispüree den Kürbis waschen, vierteln und die Kerne entfernen. Dann in gleichdünne Scheiben schneiden und bei 180 Grad (Umluft) für 25 bis 30 Minuten ab in den Backofen. Die gebackenen Kürbisscheiben abkühlen lassen, die Schale abziehen und dann über Nacht in den Kühlschrank stellen.

Am nächsten Morgen die Haferflocken zusammen mit dem Mandel- oder Haferdrink aufkochen. Die Kürbisscheiben pürieren und zusammen mit der Vanille unter das Porridge rühren. Bei schwacher Hitze köcheln lassen, bis das Porridge etwas dickflüssiger geworden ist. In der Zwischenzeit den Apfel würfeln und die Banane in dünne Scheiben schneiden. Das Porridge in Schälchen füllen und mit Apfelstückchen, Bananenscheiben, Walnüssen und einer Prise Zimt toppen.

BRATAPFEL OVERNIGHT OATS

DAS DESSERT ALS SCHLONZ

Dieser Schlonz war sogar nach Tobis Geschmack, denn er wird nicht eingeweicht, sondern gebacken. Und das auch noch direkt im Apfel! So wird dieses herbstliche Frühstück zum Hingucker auf jedem Frühstückstisch.

ZUTATEN FÜR EINE PERSON

4 EL Haferflocken · 1 EL Rosinen, zerhackt · 10 g Mandelsplitter
80 ml Apfelsaft, naturtrüb · 1 Msp. Vanillezucker · 1 Apfel

UND SO GEHT'S

Vermischt am Abend die Haferflocken mit den Rosinen, den Mandeln, dem Apfelsaft und dem Vanillezucker in einem Glas und stellt alles in den Kühlschrank. Am nächsten Morgen höhlt ihr den Apfel aus. Zwei Esslöffel vom Fruchtfleisch hackt ihr klein und mischt es mit den Overnight Oats aus dem Kühlschrank. Die Mischung kommt nun in den Apfel, den ihr dann in einer Auflaufform im Ofen bei 180 Grad (Umluft) für 30 Minuten backt.

NACKTHAFER-MÜSLI

EIN LEICHT VERDAULICHER FRISCHKORNBREI

Nackthafer kennen einige vielleicht als Pferdefutter, denn dafür wird er vorwiegend angebaut. Eigentlich schade, denn Nackthafer ist eine echte Wunderwaffe. Der hohe Gehalt an gesunden Fettsäuren und Eiweißen liefert euch eine ordentliche Menge an Energie. Dadurch, dass er beim Dreschen seine Spelze komplett verliert, ist er zudem auch leicht verdaulich. Bonuspunkt: Beim Essen bleibt nichts zwischen den Zähnen hängen. Das hat sogar Tobi überzeugt.

ZUTATEN FÜR ZWEI PERSONEN

10 EL Nackthafer · je 4 EL Nüsse, Rosinen und Sonnenblumenkerne, grob gehackt
500 ml Milch oder Pflanzendrink · 1 Apfel · 1 Banane · 3 EL Ahornsirup
einige Blättchen Minze

UND SO GEHT'S

Schrotet die Körner in einem Mixer und weicht sie dann zusammen mit den Nüssen, Rosinen und Sonnenblumenkernen in der Milch (Pflanzendrink) über Nacht ein. Am nächsten Tag schnippelt ihr den Apfel und die Banane dazu, rührt den Ahornsirup unter den Frischkornbrei und garniert ihn mit der Minze.

MANGO-CHIA-PUDDING

TROPISCH GESUNDER SCHLONZ

Dieser Schlonz bringt euch nicht nur in sommerliche Stimmung, sondern ist auch noch gesünder als ein herkömmlicher Pudding. Die Mango steckt nämlich voller Vitamin C und Vitamin A. Und der griechische Joghurt enthält weniger Kohlenhydrate als anderer Joghurt, dafür aber deutlich mehr Eiweiße, er ist also eine super Proteinquelle.

TIPP:

Statt der Chiasamen könnt ihr auch Leinsamen benutzen, die sind günstiger und haben einen kürzeren Weg in unsere Supermarktregale.

ZUTATEN FÜR EINE PERSON

1 reife Mango · 150 g griechischer Joghurt · 1 TL Ahornsirup oder Agavendicksaft
3 TL Chiasamen (oder: 4 TL Leinsamen)

UND SO GEHT'S

Die Mango schält ihr zunächst und schneidet sie dann in kleine Würfel, die Hälfte gebt ihr in ein hohes Glas. Als Nächstes verrührt ihr Joghurt, Ahornsirup und Chiasamen miteinander und gebt die Masse auf die Mangowürfel. Die restlichen Mangostückchen verteilt ihr als dritte Schicht oben drauf. Das Ganze kommt nun in den Kühlschrank und ist am nächsten Morgen ein leckerer Pudding.

DIE 10 WICHTIGSTEN ZUTATEN

HAFERFLOCKEN (GROB UND ZART)
DINKELFLOCKEN
AHORNSIRUP
CHIASAMEN
LEINSAMEN
ZIMT
BACKKAKAO
KOKOSMILCH
KOKOSFETT
MILCH ODER EINE BELIEBIGE PFLANZLICHE ALTERNATIVE

UND DAS HILFT EUCH BEIM SCHLONZEN

- EINMACHGLÄSER ODER MARMELADENGLÄSER MIT SCHRAUBDECKEL ZUM MITNEHMEN
- VORRATSDOSEN FÜR FLOCKEN UND SAMEN
- MIXER

DIE AUTORIN

Tanja Rösner, 1973 in Frankfurt geboren, lebt mit Mann, Sohn und Hund in Niedernhausen im Taunus. Sie moderiert Montag bis Freitag von 5 bis 10 Uhr die hr3 Morningshow zusammen mit Tobi Kämmerer. In dieser Sendung entstand auch die Idee einer regelmäßigen Frühstücksrubrik – dem »Schlonz der Woche«.

ICH MÖCHTE DANKE SAGEN...

Den vielen hr3 Hörerinnen und Hörern, die immer wieder geschrieben haben, dass es den Schlonz als Buch geben sollte. Ich habe das nicht so ernst genommen, weil mir die Idee viel zu groß erschien. Aber zack... nun ist es so weit.

Dem Menschen, mit dem ich mehr Zeit zu zweit in einem Raum verbringe, als mit allen anderen Menschen. Der jeden Morgen ab 5 Uhr mit mir ganz Hessen weckt, jede Woche tapfer ein neues Schlonz-Rezept probiert und der jedes Weckerklingeln morgens um halb 4 zu einer Freude macht. Danke, Tobi!

Adrian Anton, der jedes neue Schlonz-Rezept für Instagram dokumentiert. Du bist der Einzige, der mir sagen kann, dass ich aussehe wie ein Gummifrosch!

Yaw Boateng Awuku, der aus einem einfachen Rezept die schönsten Texte für online schreiben kann.

Felix Witthöft, ohne den dieses Buch gar kein Buch geworden wäre.

Alexandra Klee, die unter anderem die Deko für die hr Tatorte macht, diesmal aber Schauplätze von Verbrechen eingetauscht hat gegen Einmachgläser, Obst und Haferflocken.

Und Marci, der bis heute denkt, das Buch sei alleine seine Idee gewesen... danke für den Tritt in den Hintern, es endlich in Angriff zu nehmen!

TOBIS STÄDTETRIP: GARANTIERT OHNE SCHLONZ!

Wenn Tobi Kämmerer nicht morgens mit mir im hr3 Studio sitzt und Hessen aus den Federn schmeißt, ist er für das hr Fernsehen im schönsten aller Bundesländer unterwegs. Mit viel Neugier ist er immer auf der Suche nach neuen Ausflugszielen, besonderen Menschen und einzigartigen Geschichten. Woher kommt zum Beispiel die Schneekugel, wer hat den Gin Tonic erfunden und wie konnte eine Flasche Wein die Französische Revolution überleben?

Es ist kein Zufall, dass er dabei auch immer wieder auf kulinarische Highlights stößt. »Tobi ist nicht verhungert«, schreiben uns viele hr3 Hörerinnen und Hörer montags ans Studio. Was ihm bei seinen Städtetrips übrigens nie angeboten wird, ist Schlonz – aber das ändert sich ja jetzt vielleicht mit diesem Buch …

Tobi Kämmerer, Tina Wurster
Tobis Städtetrip
ISBN 978-3-95542-458-9
15,00 €